LES MUSES,

BALLET

REPRE'SENTE' POUR LA PREMIERE FOIS

PAR L'ACADEMIE ROYALE

DE MUSIQUE,

Le vingt-huitiéme jour d'Octobre 1703.

A PARIS,

Chez CHRISTOPHE BALLARD, feul Imprimeur du Roy
pour la Mufique, ruë S. Jean de Beauvais, au Mont-Parnaffe.

M. DCC. III.
Avec Privilege de Sa Majefté.
LE PRIX EST DE TRENTE SOLS.

AVERTISSEMENT.

NOus n'avons pas deffein de combattre la critique, que plufieurs perfonnes ont faites de ce Ballet; c'eft en corrigeant les endroits qui n'ont pas plû que nous avons crû devoir y répondre.

On a condamné le Prologue & la Paftorale: ce qui nous a engagé de donner icy un nouveau Prologue & une Paftorale : Nous avons même tâché dans tout le refte d'animer ce qui paroiffoit languiffant : rien ne nous eftant plus cher que de contenter le Public. Au refte nous aurions defefperé d'en venir à bout en fi peu de temps; mais l'honneur infini que MONSEIGNEUR nous fait de venir à nôtre Piéce, a excité en nous un nouveau feu: & fi nous avons fait quelque chofe de paffable, nous ne le devons qu'au defir glorieux de le divertir quelques moments.

Noms des Actrices & des Acteurs, chantants dans tous les Chœurs du Ballet.

MESDEMOISELLES.

Cenet.	D'Humé.	Bataille.	Secret.
Baffet.	Clement la cad.	Cochereau.	Duval.
Dupéray.	Loignon.	Vincent.	Guillet.

MESSIEURS.

Le Jeune.	Solé.	Defvoix.	Létourneau.
Prunier.	La Cofte.	Le Brun.	Bonnel.
Courteil.	Cadot.	Mantienne.	Droui.
Jolain.	Marianval.	Lebel.	Alexandre.
Gaudechot.	Labé.	Drot.	A ij

PROLOGUE.

PERSONNAGES CHANTANTS.

THETIS, *Déesse de la Mer*, Melle. Desmâtins.
PELE'E, *Roy d'une partie de la Thessalie*,
　　　　　　　　　　Monsieur Cochereau.
JUPITER. 　　　　　　Monsieur Bonnelle.
VENUS. 　　　　　　　Mademoiselle Armand.
APOLLON. 　　　　　Monsieur Choplet.
SUITE de THETIS, de VENUS, & d'APOLLON.
UN TRITON. 　　　　Monsieur Boutelou.

La Scene est dans la Mer.

PERSONNAGES DANSANTS.

TRITONS.

Messieurs Germain, Bouteville, Dumoulin-L.,
Ferrand, Dumirail, & Dangeville-L.

NAYADES.

Mesdemoiselles Guillet, Laferriere, & Noysy,

GRACES.

Mesdemoiselles Dangeville, Rose, & Tissar.

AMOURS.

Dupré, Pieret, la Porte, & Gillet.

PROLOGUE.

Le Théatre repréfente le Palais de T H E T I S au milieu
de la Mer : Cette Déeffe y paroît fur un trône ; Les
Nayades & tous les Fleuves de l'Univers font placez
autour d'elle.

SCENE PREMIERE.

T H E T I S, qui defcend de fon trône.

ES Dieux les plus puiffants ont
     foûpiré pour moy ;
Mais du Deftin l'irrevocable loy
A l'himen de Thetis leur défend
     de prétendre :
J'aime un Mortel charmant, il devient mon Epoux,
     Et c'eft pour un himen fi doux
Que dans ma Cour tous les Dieux vont fe rendre.

     Tout flatte mes tendres defirs,
Je ne conte pour rien la grandeur immortelle :
     Me feroit-elle les plaifirs
     Que me caufe un amour fidelle ?

Célébrez le bonheur qui va combler mes vœux,
Chantez, Fleuves, chantez : chantez, Nimphes char-
mantes :
> Que les festes les plus brillantes
> Servent à former ces beaux nœuds.

CHOEURS.

Célébrons le bonheur qui va combler ses vœux.
CHOEUR de NIMPHES,
Chantez, Fleuves, chantez :
CHOEUR de FLEUVES.
> Chantez, Nimphes charmantes;
TOUS.
> Que les festes les plus brillantes
> Servent à former ces beaux nœuds.

Entrée de FLEUVES & de NAYADES,

UN TRITON.

> Les ruisseaux en fuyant leur source
> Prennent mille chemins divers,
> Mais enfin dans le sein des Mers
> Ils viennent terminer leur course :

> Les cœurs cherchent de vains détours,
> Ils ont beau fuir & se défendre ;
> C'est dans l'Empire des Amours
> Qu'ils doivent tôt ou tard se rendre.

Le Divertissement continuë : JUPITER paroît dans
une gloire, où PELE'E est placé avec tous les Dieux.

SCENE DEUXIE'ME.

JUPITER, THETIS, PELE'E, VENUS, APOLLON, & les autres Divinitez de leur Suite.

JUPITER.

O Beïſſons au Sort : que les Dieux s'intereſſent
Au bonheur de deux cœurs conſtants :
Qu'à rendre leurs deſirs contents
Les Amours & l'Himen s'empreſſent.

THETIS & PELE'E.

Tendres Ardeurs, douce Tendreſſe,
Regnez dans nos cœurs à jamais ;
Amour, par mille nouveaux traits
Que ta main chaque jour nous bleſſe.

Entrée de la Suite de VENUS.

VENUS.

Venez, Amours, venez, c'eſt par vôtre ſecours
Qu'il faut ſignaler ma préſence,
C'eſt dans les lieux de ma naiſſance
Que doivent regner les Amours.

Que tout charme, que tout enchante,
De deux parfaits Amants venez combler les vœux :
Qu'à mille feux naissants sous les flots on ressente
Que Venus y conduit les plaisirs & les jeux.

Le Divertissement continuë.

APOLLON.

Pour rendre ce jour memorable
Les Muses dans ces lieux viennent se rassembler,
Elles veulent se signaler
Par quelque spectacle agreable.

Chantez, redoublez vos efforts,
Préparez des festes nouvelles :
Apollon, par de doux accords
S'appreste à les rendre plus belles.

CHOEUR.

Chantons, redoublons nos efforts,
Préparons des festes nouvelles,
Apollon, par de doux accords
S'appreste à les rendre plus belles.

Fin du Prologue.

LA PASTORALE.

LA PASTORALE.

B

LA PASTORALE.

PERSONNAGES CHANTANTS.

MIRTIL, *fils de* MONTAN, *aimé d'*AMARILLIS.
Monsieur Thevenard.
MONTAN, *Sacrificateur de Diane.*   M^r. Hardoüin.
AMARILLIS, *Bergere aimée de* MIRTIL.
Mademoiselle Desmâtins.
UN BERGER.   Monsieur Cochereau.
UNE BERGERE.   Mademoiselle Bataille.
CHOEURS de BERGERS & de BERGERES.

PERSONNAGES DANSANTS.

BERGERS.

Messieurs Germain, Dumoulin-L., Lévesque,
& Dangeville-L.

BERGERES.

Mademoiselle de Subligny.
Mesdemoiselles Dangeville, Rose, Laferriere, & Guillet.

PASTRES.

Messieurs Fauveau, & Dangevile-C.

PASTOURELLES.

Mesdemoiselles Noyfy, & Tiffar.

La Scene est dans l'Arcadie.

LA PASTORALE.

Le Théatre represente un Hameau, & dans le milieu
un Autel.

SCENE PREMIERE.

AMARILLIS feule.

*Uels funestes apprests, helas ! voicy les
lieux
Où je vais me soûmettre à l'Oracle des
Dieux !*
*La mort d'Amarillis doit calmer la colere
Que Diane sur nous a trop fait éclater ;
Loin que ce coup fatal puisse m'épouvanter,
L'atteinte m'en doit estre chere.*

J'aime en secret Mirtil, & malgré tous mes vœux,
Le devoir m'a forcée à feindre :
Helas ! je mourrois, sans me plaindre,
Si je pouvois du moins luy découvrir mes feux.
Mais c'est luy que je voy ! puis-je encor me contraindre ?
Je suis preste à perdre le jour ;
Triste Devoir, Vertu cruelle,
Permettez, qu'un moment à vos ordres rebelle
Je n'écoute icy que l'Amour.

SCENE DEUXIE'ME.

MIRTIL, AMARILLIS.

MIRTIL.

Qu'ay-je appris ? quel Arrest funeste
Condamne Amarillis à l'horreur du trépas !
O Dieux ! de si beaux jours... non, vous ne mourrez pas,
J'en atteste à vos yeux la puissance céleste.

AMARILLIS.

En ce cruel moment, qui peut me secourir ?

MIRTIL.

Moy. Pour sauver vos jours un autre peut mourir,
C'est l'Arrest de Diane, & je viens de l'apprendre.

AMARILLIS.

Hé, que voulez-vous entreprendre ?
Quelle raison pour moy vous oblige à perir ?

MIRTIL.

Etranger en ces lieux je suis sans esperance,
Le sort me poursuivit, dés que je vis le jour,
J'ay toûjours ignoré l'auteur de ma naissance,
Devoré, consumé d'un malheureux amour...

AMARILLIS.

Qu'entends-je ?

MIRTIL.

En secret je vous aime,
J'ay contraint cette ardeur jusques à ce moment,
Mon trépas me paroît charmant,
S'il prouve mon amour extrème.

Vous détournez les yeux ? juste Ciel ! voulez-vous
M'envier le trépas que je cherche pour vous ?

AMARILLIS.

Helas !

MIRTIL.

Vous soûpirez ?

AMARILLIS.

Que mon sort est à plaindre !

MIRTIL.

Je meurs : souvenez-vous d'un Amant malheureux.

AMARILLIS.

Pourquoy me forcez-vous à vous montrer des feux
Que je devois toûjours contraindre ?

MIRTIL.

Vous m'aimez ! quel aveu ! qu'il enchante mon cœur ;
Ah ! c'est peu de ma mort pour payer mon bonheur.

Devois-tu separer, ô Destin trop barbare,
Deux Cœurs qu'un tendre amour eut unis pour jamais !

AMARILLIS.

Pourquoy, cruel Amour, bleßois-tu de tes traits,
Deux Cœurs que le Destin sépare ?

TOUS DEUX.

O Sort cruel, ô Dieux jaloux !
Ah ! pourquoy nons séparez-vous ?

MIRTIL.

Mais on vient pour le sacrifice.

AMARILLIS.

Si vous mourez, il faut que la mort nous uniße.

SCENE TROISIE'ME.

MONTAN , *Sacrificateur de Diane*, Troupe de Bergers
& de Bergeres, MIRTIL & AMARILLIS.

LE SACRIFICATEUR.

O Diane, reçoi le sacrifice affreux
Que ton Oracle nous demande,
Le sang, qu'il faut que je répande,
De ton couroux doit éteindre les feux.

MIRTIL.

Arreſtez : c'eſt mon ſang que vous devez répandre.
L'O'racle nous a fait entendre
Que pour Amarillis un autre peut mourir,
Mon cœur à vos coups vient s'offrir.

LE SACRIFICATEUR.

à MIRTIL.

O Ciel !.... je vais répondre à cette noble envie.

aux BERGERS.

Venez tous admirer ſa genereuſe ardeur.

AMARILLIS.

Arreſtez : C'eſt à moy qu'on doit ôter la vie,
Et je ſens que déja j'expire de douleur.

Elle tombe de douleur ſur un ſiege de gazon.

MIRTIL au SACRIFICATEUR.

Frappez.

LE SACRIFICATEUR.

Qu'une immortelle gloire
Aux Siecles à venir conſacre ta memoire.
Approche, & de Diane appaiſe la fureur....
Mais quel trouble inconnu s'empâre de mon cœur ?
Expire ſous mes coups... ô Ciel ! quelle foibleſſe !
Eſt-ce à moy d'épargner les victimes des Dieux ?...
Helas ! je ſens des pleurs qui coulent de mes yeux.
Cette indigne pitié trahiroit la Déeſſe,
Achevons... je ne puis & je fremis d'effroy !
Diane, explique-nous le trouble où je me voy.
C'eſt elle-même qui s'avance,
Par nos reſpects reverons ſa preſence.

DIANE deſcend environnée d'un Nuage.

SCENE QUATRIEME.

DIANE, & tous les Acteurs de la Scene précédente.

DIANE.

Bergers raſſûrez-vous,
Vous avez obéy, j'ay calmé mon courroux.

Toy qui fais reverer ma ſuprême puiſſance,
Dans le trouble inconnu qui ſaiſit tes eſprits ;
En ce Berger tu vois ce Fils,
Qu'on te ravit, à ſa naiſſance.
Je viens luy conſerver le jour,
Qu'il vive pour l'Objet de ſon fidelle amour.

LE SACRIFICATEUR.

Mon Fils !

MIRTIL.

Ah quel bonheur !

AMARILLIS.

Diſſipons nos allarmes.

TOUS TROIS.

Que les Ris & les Jeux faſſent ceſſer nos larmes.

SCENE

SCENE CINQUIE'ME.

MONTAN, MIRTIL, AMARILLIS.

Troupe de BERGERS, & de BERGERES, qui viennent celebrer des jeux, en l'honneur de leurs Dieux champestres.

CHOEUR.

Dieux, qui protegez nos *Hameaux*,
Recevez aujourd'huy les vœux qu'on vous adresse;
Pour tout bien, pour toute richesse,
Conservez toûjours nos troupeaux.

Les Bergers & les Bergeres par des danses & des chants font le Divertissement.

UN BERGER.

Charmante Mere des Amours,
C'est vous qui faites nos beaux jours,
Rendez nos flames éternelles;
Nous renonçons à la grandeur,
Il suffit pour nôtre bonheur,
Que nos Bergeres soient fidelles.

C

UNE BERGERE.

Rend toûjours nos Bergers constants ;
Amour, nos vœux seront contents,
Nous n'aurons plus rien à prétendre ;
L'Empire qui peut nous charmer
Est de regner sur un cœur tendre,
Qui sçait constamment nous aimer.

CHOEUR DES BERGERES.

Que toûjours
De ses pleurs l'Aurore
Nous fasse éclore
Les tresors de Flore ;
Que toûjours
Ces heureux Boccages
Par leurs ombrages
Servent les Amours.

UNE BERGERE.

Loin des allarmes,
Du bruit des armes,
Les ris, les jeux
Previennent nos vœux.

CHOEUR.

Que toûjours
De ses pleurs l'Aurore
Nous fasse éclore
Les tresors de Flore;
Que toûjours
Ces heureux Boccages
Par leurs ombrages
Servent les Amours.

UNE BERGERE.

La paix tranquile
De cet aZile
Vaut mieux cent fois
Que le sort des Rois.

CHOEUR.

Que toûjours
De ses pleurs l'Aurore
Nous fasse éclore
Les tresors de Flore;
Que toûjours
Ces heureux Boccages
Par leurs ombrages
Servent les Amours.

La Feste continuë.

CHOEURS.

Dieux, qui protegez nos Hameaux,
Recevez aujourd'huy les vœux qu'on vous adreſſe;
Pour tout bien, pour toute richeſſe,
Conſervez toûjours nos troupeaux.

Fin de la Paſtorale.

LA SATIRE.

LA SATIRE.

PERSONNAGES CHANTANTS.

DIOGENE, *Philosophe Cynique*.   Monsieur Dun.

ARISTIPPE, *Courtisan*,   Monsieur Choplet.

ALCIPPE, *Amant présomptueux & indiscret*. Mr Poussin.

LAIS, *Jeune Coquette*.   Mademoiselle Vincent.

DEUX GRECQUES   Melles Loignon & Clement.

Troupe de GRECS *& de* GRECQUES.

PERSONNAGES DANSANTS.
GRECS.

Messieurs Bouteville, Germain, Ferrand, Dumoulin-L.,
Dumoulin-C, & Dangeville.
GRECQUES.
Mesdemoiselles Dangeville, Rose, Bertin, Tissar,
La Ferriere & Provost.

La Scene est à Corinthe.

LA SATIRE.

Le Theatre reprefente le Temple de la Raillerie. On
voit dans l'enfoncement Momus porté par quatre
Satires ; Sur les côtez du Theatre plufieurs figures
ifolées reprefentent Démocrite, & Heraclite; La Satire
& la Comedie ; Terfite, & Efope ; Archiloque, Poëte
Satirique , & Ariftophane, Poëte Comique : Deux
Philofophes Cyniquesavec leurs Lanternes :Mercure,
& Apollon, Dieux de la Poëfie & de l'Eloquence.

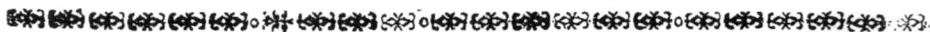

SCENE PREMIERE.

DIOGENE, ARISTIPPE

DIOGENE.

NON, *malgré vos confeils, je ne fçaurois me taire,*
Le plaifir de railler eft mon plus doux employ ;
J'ay le défaut d'être fincere,
Je cherche un Mortel comme moy.

ARISTIPPE.

C'eft un mal au fiecle où nous fommes
D'avoir trop de fincerité :
Il faut avoir, pour plaire aux hommes,
L'art de mafquer la verité.

DIOGENE.

Je fuis donc affûré de meriter leur haine ;
Je ne puis refifter au penchant qui m'entraîne,
Qù Ariftippe à fon gré leur dreffe des Autels,
Encenfe leurs deffauts, adore leurs caprices :
Vous trouvez du plaifir à loüer les Mortels,
J'en trouve à condamner leurs vices.

ARISTIPPE.

C'eft un plaifir à redouter.

DIOGENE.

Je fçay dans quel peril c'eft vouloir fe jetter.
La verité trop importune
Se fait en tous lieux rebuter,
Renoncer à l'art de flater,
C'eft renoncer à la Fortune.

ARISTIPPE.

La Fortune pour vous eft-elle fans appas ?

DIOGENE.

Je pretens la braver, & ne la chercher pas.

La Fortune est toûjours volage ;
Quand elle vous rit davantage,
Craignez ses coups les plus affreux :
Rien ne peut la rendre fidelle,
Elle est femme, il est dangereux
De compter un moment sur elle.

ARISTIPPE.

Contre un Sexe charmant d'où naist votre courroux !
Sous les Loix de Laïs vôtre ame est asservie.

DIOGENE.

Elle a mille deffauts, & je les connois tous,
Je l'aime cependant, & c'est-là ma folie,

Faut-il que cet Objet trompeur
Me force malgré moy de luy rendre les armes,
Et qu'il ait, pour troubler mon cœur,
Tant de deffauts & tant de charmes ?

Je crois Laïs volage, & veux m'en assurer.

ARISTIPPE.

C'est toûjours un secret qu'il est bon d'ignorer.

DIOGENE.

C'est pour me dégager que je veux m'en instruire.
Les Grecs que charme la Satire
Vont s'assembler dans ce séjour :
Ils ont accoûtumé d'y venir en ce jour,
Goûter la liberté de railler & de rire :
J'y viens chercher Laïs ; Laissez-moy dans ces jeux
L'observer, la confondre, & briser tous mes nœuds.

SCENE DEUXIE'ME.

DIOGENE, ALCIPPE.

ALCIPPE à part.

C'Est trop-tôt répondre à mes vœux ;
Amour, si tu prétends que je porte ta chaîne ;
A flechir l'Objet de mes feux,
Laisse-moy trouver plus de peine.

DIOGENE.

Vous êtes content de l'Amour ?
Dans vos yeux satisfaits je vois vôtre victoire.

ALCIPPE.

Ce Dieu me blesse chaque jour,
Mais c'est pour me combler de gloire.

Du Sort & de l'Amour j'ignore tous les maux.

DIOGENE.

Je crois qu'en tous lieux on vous aime ;
Mais souvent qui s'aime soy-même,
Court risque d'aimer sans rivaux.

ALCIPPE.

ALCIPPE.

L'Objet pour qui mon cœur soupire,
Répond à mes soins amoureux ;
   Le plaisir d'être heureux
N'est rien sans celuy de le dire.

Laïs partage mon ardeur. . . .

DIOGENE.

  Laïs ! ah quel coup pour mon cœur !

ALCIPPE.

Un indigne Rival qu'elle me cache encore,
  Vouloit s'opofer à fon choix ;
  Elle m'a juré mille fois
Que fon cœur le hait & m'adore.

DIOGENE.

L'Ingrate !

ALCIPPE.
Cet aveu pouroit-il vous toucher ?

DIOGENE.

Si vous êtes aimé vous deviez le cacher.

   Quand on eft aimé d'une Belle,
   On doit mieux garder fon fecret ;
Et je condamne moins la Maîtreffe infidelle,
   Que l'Amant indifcret.

E

SCENE TROISIEME.

DIOGENE, LAIS, ALCIPPE.

DIOGENE à Laïs.

Venez, venez confondre un jeune Témeraire,
Alcippe s'est vanté qu'il avoit sçû vous plaire.

On voit en tous lieux des Amants
Se parer d'une vaine gloire,
Qui souvent en secret accablez de tourments
Chantent en public leur victoire.

LAIS.

Alcippe est indiscret, son cœur m'avoit promis
Que de nos feux il feroit un mistere.

ALCIPPE.

L'Amour ne me l'a pas permis,
C'est un excés d'ardeur de ne pouvoir se taire.

DIOGENE.

Ingratte, il est donc vray, vous me manquez de foy ?

LAIS.

Plaignez-vous de l'Amour, sans vous plaindre de moy.

L'Amour sous d'autres Loix me contraint à me rendre,
Puis-je resister à ses coups ?
S'il me parloit encor pour vous,
Je prendrois plaisir à l'entendre.

DIOGENE.

Je devrois condamner vôtre Infidelité ;
Mais je veux faire grace à la sincerité.

  Ce n'est point une chose étrange
Qu'un sexe si volage aime le changement ;
  Mais c'est un prodige en aimant,
  De voir une femme qui change,
  Sans feinte & sans déguisement.

Loin de blâmer l'aveu que vous venez de faire,
Je veux que l'on publie, en ce riant sejour,
  Que dans l'Empire de l'Amour,
  Il est quelque femme sincere.

SCENE QUATRIE'ME.

DIOGENE, LAIS, ALCIPPE, ARISTIPPE. Troupes de GRECS & de GRECQUES qui avoient accoûtumé pendant les Saturnales de venir se rejoüir dans le Temple de la Raillerie.

CHOEURS.

CHantons, rions, c'est de la vie
 Le plus aimable amusement :
Est-il un plaisir plus charmant,
Que celuy de la Raillerie ?

E ij

LAIS.

Cedez, l'Amour vous y convie,
Beautez, rendez-vous à ses traits ;
Mais, si vous avez la folie
De chercher des Amants discrets,
Vous n'aimerez point dans la vie.

DIOGENE ET LAIS.

Sur les ondes, malgré l'orage,
Sans crainte de faire naufrage,
On peut quelquefois se risquer :
Mais, lorsque l'Amour nous apelle,
Malheur à qui s'ose embarquer
Sur les vains serments d'une Belle.

ARISTIPPE.

En vain une barbare envie
Veut noircir un Sexe charmant,
C'est luy seul qui fait de la vie
Tous les plaisirs & l'ornement.
L'Amour en soumettant nos ames
Fait regner ces charmants vainqueurs,
Et c'est par les plus vives flâmes,
Qu'il les vange au fond de nos cœurs.

CHOEUR.

Chantons, rions, c'est de la vie
Le plus aimable amusement ;
Est-il un plaisir plus charmant,
Que celuy de la Raillerie ?

Fin de la Satire.

LA TRAGEDIE.

LA TRAGEDIE.

PERSONNAGES CHANTANS.

ALTHE'E, *Reine de* CALYDON. Mademoiselle Desmâtins.

PLEXIPPE, *frere d'*ALTHE'E, Monsieur Plin.

ME'LE'AGRE, *Fils d'*ALTHE'E, *Amoureux* *d'*ATALANTE.　　　　Monsieur Thevenard.

ATALANTE, *Princesse d'*ARCADIE, *Amante* *de* ME'LE'AGRE.　　　　Mademoiselle Salé.

DEUX CALYDONIENNES. M^{elles} Batailles, & Duperey.

UN CALYDONIEN.　　　　Monsieur Bonnelle.

Chœur des Peuples de CALYDON.

PERSONNAGES DANSANTS.

CALYDONIENS.

Messieurs, Germain, Dumoulin-L., Levesque & Dangeville

CALYDONIENNES.

Mesdemoiselles, la Ferriere, Guillet, Noysy & Tissar.

*La Scene est dans le Palais d'*ALTHE'E.

LA TRAGEDIE.

Le Theatre represente le Palais d'ALTHE'E.

SCENE PREMIERE.

ALTHE'E seule.

QUEL trouble regne ici ! mes rebelles Sujets
Prétendent sur mon Trône élever Atalante !
Mon Fils même, mon Fils animant leurs
    projets,
    Cherche à couronner son Amante !
Mon frere veut en vain arrester leur fureur,
Il court dans un peril dont je fremis d'horreur,
Les cris des Combattants se font par tout entendre !
O malheureuse Althée, à quoy dois-je m'attendre !
    Que vois-je ? Justes Dieux !
C'est mon frere mourant qu'on ameine en ces lieux !

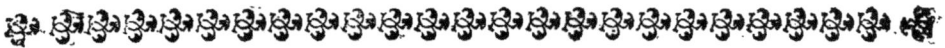

SCENE DEUXIE'ME.

ALTHE'E, PLEXIPPE mourant.

PLEXIPPE.

JE meurs... j'ay pris vôtre deffense ...
L'espoir d'être vangé soûtient seul mes esprits. ...
Je viens de mon trépas vous demander le prix.

ALTHE'E.

Vous serez satisfait : Je cours à la vengeance.

C'est vous que j'atteste aujourd'huy,
Maître des Cieux & de la Terre,
Si son cruel vainqueur ne meurt pas avec luy,
Faites voler sur moy les éclats du Tonnerre.

à PLEXIPPE.

Sur qui doivent tomber mes trop justes fureurs ?
Nommez-moy le Cruel. ...

PLEXIPPE.

Méléagre. ... Je meurs.

SCENE.

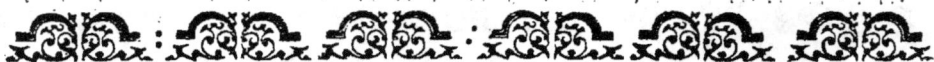

SCENE TROISIE'ME.

ALTHE'E, seule.

C'Eſt mon fils ! Quel coup pour mon ame !
Quel ſerment ay-je fait ? Et qu'eſt-ce que je veux ?
Mais c'eſt un fils ingrat, qu'un lâche amour enflamme,
Qui m'envie un pouvoir qui ſeul flatte mes vœux . . .
De mon juſte couroux ſuivons la violence :
Les Parques m'ont remis au temps de ſa naiſſance
Un funeſte flambeau d'où dépendent ſes jours,
Je puis par ce ſecours
Tirer une prompte vengeance.
Allons. . . . Mais quelle voix vient encor me parler ?
Barbare, c'eſt ton fils que tu vas immoler !
Non, qu'il vive : à mes yeux c'eſt luy qui ſe preſente,
Calmez-vous mes tranſports. . . . . Mais je vois
Atalante !
Mon couroux ſe ralume à cet Objet affreux,
Immolons des ingrats & mourons aprés eux.

F

SCENE QUATRIE'ME.
ME'LE'AGRE, ATALANTE.

ME'LE'AGRE.

COmme moy, de vos yeux tout reſſent la puiſſance,
Nos peuples ont ſuivi le penchant de mon cœur.

ATALANTE.

Ah! vous devez ſonger à calmer leur ardeur,
Elle a trop éclaté, la Reine s'en offenſe,
Et la mort de ſon frere irrite ſa fureur.

ME'LE'AGRE.

Mon bras a dû punir le deſſein téméraire,
        Qui l'oſoit armer contre vous :
Mes ſoins ſçauront d'Althée apaiſer le couroux,
Mon amour eſt trop juſte, & ne peut luy déplaire.

ATALANTE.

Rendez-luy le pouvoir que l'on offre à mes yeux :
La gloire de regner n'eſt point ce qui m'enchante ;
        Un bien plus précieux
        Doit charmer Atalante.

ME'LE'AGRE.

    Quels honneurs ne vous doit-on pas ?
Un monſtre dans nos bois faiſoit ſentir ſa rage,
Vous avez contre luy montré vôtre courage,
Et ſi mes derniers coups ont cauſé ſon trepas,
        C'eſt à vous qu'on en doit l'hommage,
        Vos regards animoient mon bras.

ATALANTE.

Pour prix de mes efforts, augmentez vôtre flamme,
Elle est l'unique bien qui peut toucher mon ame.

MELEAGRE.

Vous regnez sur mon cœur, j'en fais tous mes plaisirs,
Mes fers me sont plus doux que l'Empire du monde :
Qu'à mes tendres ardeurs votre flamme réponde,
Je ne forme plus de desirs :
Vous regnez sur mon cœur, j'en fais tous mes plaisirs,
Mes fers me sont plus doux que l'Empire du monde.

ATALANTE.

De la plus vive ardeur je me sens enchante,
Doit-elle craindre de paroître ?
C'est la gloire qui l'a fait naître,
Et la raison vient l'augmenter.

MELEAGRE, ET ATALANTE.

Que mon sort est digne d'envie !
Que mon bonheur doit me charmer !
Le plus doux plaisir de ma vie,
Est le plaisir de vous aimer.

MELEAGRE.

Le Peuple vient ici vous rendre son hommage.

ATALANTE.

Ce soin va pour la Reine être un nouvel outrage.

SCENE CINQUIE'ME.

M'ELE'AGRE, ATALANTE.

Chœurs de Peuples de CALYDON, Troupe de
Heros & d'Amazones qui s'étoient trouvez à
la chaſſe du Sanglier de CALYDON.

CHOEUR.

Nous uniſſons pour vous & nos vœux & nos voix :
    Triomphez de nos cœurs, regnez, Beauté char-
mante,
Le plaiſir de vous voir nous ravit, nous enchante,
L'Amour, le tendre Amour nous ſoûmet à vos loix.
Nous uniſſons pour vous & nos vœux & nos voix.

Les Peuples de CALYDON rendent leurs hommages
à ATALANTE, & par leurs danſes & leurs
chants forment le Divertiſſement.

DEUX CALYDONNIENES ET UN CALYDONIEN.

Aprés vôtre victoire,
Laiſſez-vous charmer :
Joignez à tant de gloire
La douceur d'aimer.

Pourquoi nous faire entendre
Qu'un cœur doit toûjours
S'armer & se deffendre
Contre les amours ?
De beaux feux,
De doux nœuds
Sçavent rendre
Tous les cœurs heureux.

Aprés vôtre victoire,
Laissez-vous charmer :
Joignez à tant de gloire
La douceur d'aimer.

Que nôtre ame se livre
A de doux plaisirs :
Veut-on nous faire vivre
Sans soins, sans desirs ?
Quelle erreur !
Le bonheur
Est de suivre
Le penchant du cœur.

Aprés vôtre victoire,
Laissez-vous charmer :
Joignez à tant de gloire
La douceur d'aimer.

MELEAGRE.

Interrompez ces jeux ... Ah quelle ardeur fatale
S'allume dans mon sang & déchire mon cœur !
Je fais de vains efforts, ma peine est sans égale !

ATALANTE.

O Ciel !

MELEAGRE.

Je n'en sçaurois surmonter la rigueur ;
Suis-je prest à tomber dans la nuit infernale ?
Sort cruel ! Dieux jaloux de nos tendres ardeurs,
Est-ce pour m'arracher à l'Objet que j'adore,
Qu'aujourd'huy vos fureurs
Excitent dans mon sein ce feu qui le devore ?

ATALANTE.

O juste Ciel, voyez couler mes pleurs !
Cher Prince !

MELEAGRE.

Quelle voix touchante
Cherche à suspendre mes douleurs !
Est-ce-vous, divine Atalante ?
Nous allions estre unis, nous nous aimions ... je meurs !
Ce cruel souvenir acheve mon supplice ...
O sort ? quelle est ton injustice ...
Ah ! mon tourment s'augmente, & l'Enfer en fureur
De tous ses châtiments me fait sentir l'horreur.

SCENE SIXIE'ME.

ALTHE'E, ME'LE'AGRE, ATALANTE.

ATALANTE à ALTHE'E.

*V*Oyez de son tourment quelle est la violence.

ALTHE'E.

Dans ce funeste état c'est moy qui l'ay reduit ;
Le flambeau de ses jours étoit en ma puissance,
Le feu l'a consumé, j'ay pressé ma vengeance,
De son ingratitude il a reçû le fruit.

ATALANTE.

O Dieux !

ME'L'EAGRE.

     Venez, Mere cruelle,
C'en est fait : je descends dans la nuit éternelle,
Je ne me plaindray point : Ma mort fait vos plaisirs ;
Je vais… O desespoir ! L'Astre qui nous éclaire
N'offre plus à mes yeux qu'un reste de lumiere.
Je succombe, je meurs … contentez vos desirs…
    Mon cœur, malgré vôtre rigueur extrême,
      Entre vous & l'Objet qu'il aime,
     Partage ses derniers soûpirs.

ATALANTE.

Il meurt … en ce moment funeste
La mort est tout ce qui me reste.

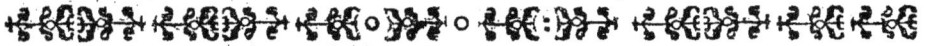

SCENE SEPTIEME.

ALTHE'E, seule.

*I*L n'est plus! Qu'ay-je fait! je vois toute ma rage!
Helas! D'un vain remords mon cœur se sent frapper,
Mon couroux sur mes yeux avoit mis un nüage,
Mon amour renaissant vient de le dissiper.
Quel crime! Quelle horreur! O Mere trop barbare,
Où prétends-tu cacher ce forfait odieux?
Où suis-je? Les Enfers découvrent à mes yeux
　　　Les rives de l'affreux Tenare.
J'y vois mon Fils! O sort! quel supplice nouveau!
Les Parques de ses jours consument le flambeau....
Cruelles, arrestez... Esperance trop vaine!
Mon Fils n'est plus! Je cede à ma mortelle peine!
Dans l'éternelle nuit c'est moy qui l'ay plongé!
Il m'appelle... J'entends sa voix triste & plaintive!
Atten... j'iray bien-tôt sur l'Infernale rive,
　　　T'apprendre que tu meurs vangé.

Fin de la Tragedie.

LA COMEDIE.

LA COMEDIE.

G

LA COMEDIE.

PERSONNAGES CHANTANTS.

DEME'E, *Vieillard Athenien, Pere d'Ericine*. Monſieur Boutelou.
GERONTE, *Vieillard Athenien, Pere d'Eraſte*. Monſieur Deſvoix.
ERASTE, *fils de Geronte, amoureux d'Ericine*. Mr. Cochereau.
ERICINE, *amante d'Eraſte*,   Mademoiſelle Maupin.
DIRCE', *confidente d'Ericine*.   Mademoiſelle Armand.
LICAS, *Valet d'Eraſte*.   Monſieur Dun.
CHOEURS d'Atheniens.

PERSONNAGES DANSANTS.

Le Pere de LA MARIE'E.   Monſieur Boutelou.
La Mere de LA MARIE'E.   Mademoiſelle Roſe.

Parents DU MARIE', *& de* LA MARIE'E, *déguiſez.*
Monſieur Dumoulin-L., & Mademoiſelle Dangeville.
Monſieur Dumolin-C., & Mademoiſelle Noyſy.
Monſieur Fauveau, & Mademoiſelle Guillet,
Monſieur Léveſque, & Mademoiſelle Dupleſſis.
Monſieur Dumirail, & Mademoiſelle Tiſſar.

Conducteur des petits Garçons, freres de LA MARIE'E.
Le Petit La Porte.
Les deux petits Garçons.   Dupré, & Pieret.

Gouvernante des Filles, Sœurs DU MARIE',   La Petite Carré.
Les deux Petites Filles.   Meſdemoiſelles Laferriere, & Provoſt.

La Scene eſt à Athenes.

LA COMEDIE.

Le Théatre represente une Place de la Ville d'Athenes,
où est la Maison du Pere d'ERICINE.

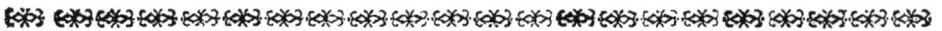

SCENE PREMIERE.

DEME'E, ERICINE, DIRCE'.

DEME'E à ERICINE.

N E me resiste plus : j'ay formé ce dessein,
Et Geronte aujourd'huy doit recevoir ta
main.

ERICINE.

Ah! ne m'imposez point ce cruel esclavage ;
Il faut attendre au moins que je l'aime à mon tour.

DEME'E.

Le temps fera naître l'amour,
Commençons par le Mariage.

G ij

DIRCE'.

Cét espoir fait des Malheureux,
On entend mille Epoux s'en plaindre :
L'Himen du tendre Amour n'allume point les feux,
Il est plus propre à les éteindre.

DEME'E.

Malgré ces beaux conseils, cédez à mon pouvoir :
Je vais chercher l'Epoux que vous devez avoir.

SCENE DEUXIE'ME.

ERICINE, DIRCE'.

DIRCE'.

VOus soûpirez ?

ERICINE.

Ah quel supplice !
Ce jour va s'opposer à mes vœux les plus doux ;
Helas ! j'aime en secret le fils de cét Epoux
À qui l'on veut que je m'unisse.
J'aime Eraste & je crois avoir touché son cœur,
Depuis que mon Himen s'apreste
Il paroît accablé d'une affreuse langueur ;
Il craint autant que moy cette fatale feste.

DIRCE'.

Tout paroît Amour à nos yeux,
Du moment que nôtre cœur aime :

On trouve une douceur extrême
A croire que l'Objet que nous aimons le mieux
Est pour nous sensible de même :

Tout paroît Amour à nos yeux,
Du moment que nôtre cœur aime.

Son Esclave fidelle est sensible pour moy,
Il doit tout decouvrir... Mais c'est luy que je voy.

SCENE TROISIE'ME.

ERICINE, DIRCE', LICAS.

DIRCE'.

HE bien, que faut-il qu'on espere ?

LICAS.

Dircé, j'ay tout tenté pour te prouver mes feux,
Mais mon Maître s'obstine à me faire un mistere...

DIRCE'.

Il n'est donc point Amant ; dans l'Empire amoureux
On ne sçait pas si bien se taire.

ERICINE.

Helas !

LICAS à ERICINE.

C'eſt vainement que vous vous allarmez,
Il vous aime en ſecret autant que vous l'aimez.

Les troubles qu'il nous fait paroître,
Sont de ceux que l'Amour excite dans les cœurs :
Les beaux yeux de Dircé par ſes regards vainqueurs
M'ont trop apris à m'y connoître.

DIRCE'.

Ne parle que d'Eraſte, & fini ce diſcours.

LICAS à ERICINE.

Plus vôtre Himen s'aproche, plus ſon mal s'augmente,
Son Pere qui s'en épouvante
Veut de l'art d'Eſculape emprunter le ſecours.

Il ne vous a point vûë & ne peut vous connoître,
Tout eſt preſt, ſuivez-moy, pour ſervir vos amours,
Je pretends faire un coup de maître.

à DIRCE'.

Geronte vient icy, prend ſoin de l'arreſter ;
Et par un doux regard daigne au moins me flatter.

SCENE QUATRIE'ME.

GERONTE DIRCE'.

GERONTE.

MAlgré les transports de ma flâme
La langueur de mon Fils m'oblige à differer
  Un Himen charmant pour mon ame;
L'Objet de mon amour en pourra soûpirer.

DIRCE'.

Non, non, ne craignez point de luy faire de peïne.

GERONTE.

Son cœur doit partager mes amoureux desirs.

DIRCE'.

  Vous luy feriez plus de plaisirs
  En renonçant à cette chaîne.

  Ces nœuds qui vous semblent charmants,
  Devroient vous causer mille allarmes :
  Vous trouverez plus de tourments,
  Que vous n'en esperez de charmes.

GERONTE.

Non, toutes ces raisons ne peuvent m'allarmer.

DIRCE'.

  Estes-vous dans l'âge d'aimer?

  L'Himen & la tendresse
Peuvent, dans nos beaux ans, combler tous nos desirs;
  Mais la vieillesse
  Tourne en poison les doux plaisirs
  Que goûte l'aimable jeunesse.

GERONTE.

Licas a déja fait ce que j'ay desiré,
Et je vois pour mon Fils un secours assûré.

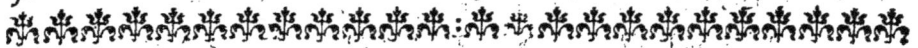

SCENE CINQUIE'ME.

ERICINE déguisée en Medecin,
GERONTE, LICAS.

ERICINE.

JE viens vous presenter & mes soins & mon zéle,
A mes heureux secours on peut s'abandonner.

GERONTE.

Mon Fils est accablé d'une langueur mortelle,
C'est pour luy qu'aujourd'huy je vous fais amener.

ERICINE.

Mon Art trouvera tout possible
Dans l'ardeur de le secourir ;
Aux tourments qu'il pourroit souffrir
Je sens déja mon cœur sensible.

GERONTE.

En finissant ses maux, vous me rendrez heureux,
Sans luy, d'un tendre Himen j'allois former les nœuds.

ERICINE.

Quel desir insensé vous presse,
Dans vôtre derniere saison ?
Goûtez les fruits de la sagesse,
Et les plaisirs de la raison,
Laissez l'amour à la Jeunesse.

GERONTE.

GERONTE.

L'Amour doit toûjours nous charmer,
Ses feux sçavent nous ranimer,
Malgré les ans, il faut le suivre :
La Jeuneße toûjours doit vivre pour aimer,
Et la Vieilleße aimer pour vivre.

L'Himen va me livrer une jeune Beauté !
On vante sa douceur & sa fidelité.

ERICINE.

L'espoir d'un prompt himen force une fille à feindre,
Elle affecte long-temps un air aimable & doux ;
Dés que l'Amant devient Epoux,
Elle ne sçait plus se contraindre.

GERONTE.

Par les soins les plus doux je fixeray ses vœux,
L'âge ne me rend point ni jaloux ni fâcheux.

ERICINE.

Vous n'en aurez pas moins à craindre.

De tout temps l'infidelité
Fût le commun penchant des Belles,
Leur laißer trop de liberté,
C'est leur dire d'estre infidelles.

GERONTE.

Hé bien, je deviendray jaloux de ses appas.

Dans une éternelle contrainte
J'observeray par tout ses pas :
Si l'amour ne la retient pas,
Je la retiendray par la crainte. H

ERICINE.

Vous courez un plus grand danger,
Vous prendrez un soin inutile ;
Femme qui cherche à se vanger
Ne trouve rien de difficile.

GERONTE.

A prévoir le plus grand danger,
L'âge m'a rendu trop habile.

ERICINE.

Femme qui cherche à se vanger
Ne trouve rien de difficile.

GERONTE.

Quel est donc le secret qui peut me rendre heureux ?

ERICINE.

Fuyez l'himen, craignez de reprendre ses nœuds.

LICAS.

C'est vôtre Fils qui vient, & l'Amour vous engage
A luy chercher un prompt secours.

GERONTE à ERICINE.

Mettez tout en usage
Pour conserver ses jours.

SCENE SIXIE'ME.

ERASTE, GERONTE, ERICINE, LICAS.

GERONTE.

Vien, mon Fils... Pourquoy ee silence...
Tu fais de tes tourments croître la violence !
Tu soûpires... du moins tourne sur nous les yeux,
Ce n'est point un homme ordinaire
Que je t'ameine dans ces lieux ,
Il sçaura découvrir ce que tu veux me taire.

ERASTE à part en voyant ERICINE.
C'est elle-même ! ô Ciel, que dois-je en esperer?

ERICINE à ERASTE.
Je voy trop les raisons qui vous font soûpirer,
Cessez de m'en faire un mistere.

ERASTE à ERICINE.
Ah ! pouvez-vous les ignorer?

GERONTE à part.
Rien ne peut échaper à son art admirable !
ERASTE à ERICINE.
Vous avez penétré le trouble qui m'accable,
Mais vous pouvez m'offrir l'espoir le plus chamant:
C'est de vous que j'attens le secours favorable
Qui seul peut finir mon tourment.

H ij

GERONTE à ERICINE.

Pour luy de tout vôtre Art employez la puissance.

ERASTE à ERICINE.

C'est en vous seulement que mon espoir est mis.

GERONTE à ERICINE.

Vous verrez les effets de ma reconnoissance.

ERICINE à ERASTE.

Je veux, pour toute récompense,
Que vous soyez sensible aux soins que j'auray pris.

ERASTE à ERICINE.

Ma reconnoissance éternelle...

ERICINE à ERASTE.

Allez, laissez-nous seuls, fiez-vous à mon zele.

SCENE SEPTIE'ME.

ERICINE, GERONTE.

ERICINE,

A Ses yeux par pitié j'ay caché son malheur,
Bien-tôt vous le verrez expirer de douleur.

GERONTE.

Mon Fils! qu'entends-je?

ERICINE.

Il faut vous apprendre un mistere :
Une jeune Beauté possede tous mes vœux.

GERONTE.

Et qu'importe à mon Fils qu'elle sçache vous plaire?

ERICINE.

Vôtre Fils en eſt amoureux.
L'Himen va pour jamais nous unir de ſa chaîne :
Vôtre Fils pourra-t'il reſiſter à ſa peine ?
Je vais preſſer ſa mort, en formant ces doux nœuds.

GERONTE.

Quoy ! mon Fils va perir ! vous en ſeriez la cauſe !
Ah ! ſongez aux dangers où l'Himen nous expoſe.

ERICINE.

Pour ſauver vôtre Fils dois-je vaincre mes feux ?

GERONTE.

Il meritoit un ſort heureux !

ERICINE.

C'en eſt trop : je ne dois plus feindre,
Vous aimez Ericine, elle a touché ſon cœur,
En l'arrachant à ſon ardeur,
Vous avez pour luy tout à craindre.

GERONTE.

Mais, cet Himen faiſoit tout mon bonheur !

ERICINE.

Vôtre Fils va perir, vous en ſerez la cauſe,
Ah ! ſongez aux dangers où l'Himen nous expoſe.

GERONTE.

Pour luy je vaincrai mon amour ;
Mais il faut que l'Objet qu'il aime,
Veuille y consentir à son tour.

ERICINE, en se faisant reconnoître.

Ne craignez plus rien, c'est moy-même.
Voyez ce que j'ay fait : le plus doux de mes vœux
Est qu'un tendre himen nous unisse.

GERONTE.

Je ne puis trop loüer ce charmant artifice.

à ERASTE qui rentre sur la Scene.

Vien, mon Fils, je sçay tout & veux te rendre heureux.

SCENE HUITIE'ME.

ERICINE, GERONTE, ERASTE.

ERICINE & ERASTE.

O Ublions nôtre peine,
Livrons-nous aux plaisirs :
L'Himen va combler nos desirs,
Que l'Amour en forme la chaîne.

SCENE NEUVIE'ME.

DE'ME'E, GERONTE, ERASTE, ERICINE.

GERONTE.

JE renonce à l'Himen, ne comptez plus sur moy,
Je veux prendre ce soin pour un autre moy-même,
Voyez à quel Objet...

DE'ME'E.

Ciel, qu'est-ce que je voy ?
Quoy ! c'est ma Fille ?

GERONTE.

Mon Fils l'aime ;

DE'ME'E.

Allons les rendre heureux sous une même loy.

Le Théatre change, & représente une Salle
préparée pour des Nopces.

SCENE DIXIE'ME.

DE'ME'E, GERONTE, ERASTE, ERICINE, LICAS,
DIRCE', les Parents & les Amis des MARIEZ,
qui viennent célébrer la Nopce.

CHOEUR.

JOüiſſez des plaiſirs que l'Himen vous apreſte,
L'Himen a peu de jours heureux :
Il n'a de charmant que la feſte,
Qui ſert à célébrer ſes nœuds.

DORINE.

Qu'eſt devenu cet heureux temps,
Où l'Himen ne faiſoit que des Amants conſtants ?
Quelque ſoin que l'on prenne
Rien ne peut arreſter leur cœur,
Ils ſe rebuttent par la peine,
Et ſe laſſent par la douceur.

CHOEUR.

Joüiſſez des plaiſirs que l'Himen vous apreſte,
L'Himen a peu de jours heureux :
Il n'a de charmant que la feſte,
Qui ſert à celebrer ſes nœuds.

Fin du Ballet des Muſes.

www.ingramcontent.com/pod-product-compliance
Lightning Source LLC
LaVergne TN
LVHW022151080426
835511LV00008B/1357